AF524664

AMELIE LOHMANN

Zähne putzen mit Börle

Alle Ratschläge in diesem Buch wurden vom Autor und vom Verlag sorgfältig erwogen und geprüft. Eine Garantie kann dennoch nicht übernommen werden. Eine Haftung des Autors beziehungsweise des Verlags für jegliche Personen-, Sach- und Vermögensschäden ist daher ausgeschlossen.

Email: info@edition-lunerion.de
www.edition-lunerion.de

Psiana eCom UG
Berumer Str. 44
26844 Jemgum

INHALTSVERZEICHNIS

Die Besonderheiten des Morfs

Hinweis: In diesem Buch finden Sie an verschiedenen Stellen QR-Codes, die Sie zu Audiodateien führen. Falls Sie keine Möglichkeit haben, diese zu scannen, können Sie alle Dateien auch über diesen Link finden: https://bit.ly/4dPC779

Hier geht es zum Hörbuch:

Liebe Eltern

Das Zähneputzen kann ein leidiges Thema sein – oder aber großen Spaß machen. Vielen Dank, dass Sie sich für die zweite Variante entschieden haben. Mit diesem Buch wird Ihr Kind zum Zahnputzkrieger. Dabei hört es spannende und lustige Geschichten von Börle, dem kleinen Morfen, der im Wald lebt und eine ganz neue Erfahrung macht. Bis heute hat er sich nämlich noch nie die „Beißerchen gesäubert“. Doch das soll sich nun ändern!

In den einzelnen Kapiteln werden verschiedene Etappen des Zahnputztrainings thematisiert, die einzelnen Themen werden hierbei hinter den Überschriften genannt. Üben Sie gemeinsam das Ausspülen, erkunden Sie den Mundraum und lassen Sie Ihr Kind die ersten Zahnputzversuche starten, bevor Sie gemeinsam üben, wie es tatsächlich funktioniert. Trainieren Sie das Säubern der Zwischenräume mit Zahnseide und bereiten Sie sich stressfrei auf den ersten Zahnarztbesuch vor.

In einigen Kapiteln sollte Ihr Kind bereits während der Geschichten

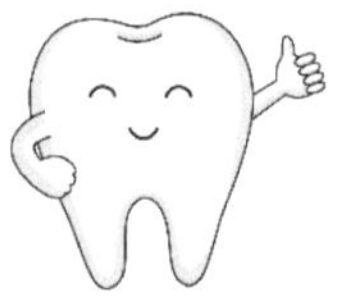

mitputzen. Das wird an den entsprechenden Stellen vermerkt. In anderen Kapiteln lesen Sie zuerst die Geschichte und führen anschließend die Übungen durch. Das letzte Kapitel ist die gesamte Geschichte von Bilbo Backenzahn und Schila Schneidezahn, die immer wieder während des Zähneputzens gehört werden kann, um „Langeweile“ zu überbrücken.

Lassen Sie das Zähneputzen zu einem spaßigen Ritual werden. Ich wünsche Ihnen eine großartige und vor allem stressfreie Zahnputzzeit! Machen Sie es sauber!

Wasserspiel

(Lustige Gurgelübung vor dem Putzen)

„Es ist stinkepinke langweilig!“ Börle zieht seine Hände einmal durch sein blaues Gesicht, bis es ganz lang und immer länger herunterhängt.

Schwubbel! Als er seine dicken blauen Morfbacken loslässt, wabern diese mit einem schmatzenden Laut wieder an ihren Platz zurück. „Wirklich!“, wiederholt der kleine Morf, „Sowas von stinkepinke langweilig!“

Er steht auf und hüpft auf einem Bein. Und dann auf dem anderen. Doch auch das ist nicht besonders aufregend.

„Jammiiiiiiiiiie!“, ruft das Morfenkind seinen älteren Bruder und stellt sich auf den Kopf, um zu testen, ob wenigstens das die Langeweile vertreiben kann. Doch das Gegenteil ist der Fall. Börle wird noch langweiliger.

„Nanu?“, hört der endlich Jammies Stimme, „Kann ich dir vielleicht irgendwie behilflich sein?“ Doch Börle schließt die Augen und will den Kopf schütteln – was seinen ganzen Körper in Schwung bringt, weil er ja nun einmal auf ebendiesem Kopf gerade steht. Mit einem dumpfen „PLOPP!“ plumpst sein Körper mit dem Bauch voran auf den Boden und bleibt an genau dieser Stelle liegen.

„Lass mich raten“, sagt Jammie und vermutet ganz richtig: „Dir ist mal wieder langweilig!“ Börle, der noch immer auf dem Bauch am Boden liegt, nickt in die braune Erde hinein. „Sowas von“, murmelt er. Doch sein Bruder kann ihn nicht verstehen. Schließlich ist es ziemlich nuschelig, wenn man in Richtung Boden brabbelt.

Börle staunt nicht schlecht, als er unter den Armen gegriffen und mit einem gewaltigen Hub nach oben gehoben wird und im Nu wieder auf seinen zwei kurzen, blauhaarigen Beinen steht.

Sein Fell leuchtet hell – er muss ganz offensichtlich in kleine Pikser gefallen sein, die überall auf dem Waldboden herumliegen. Und wenn Morfe gepikst werden, dann fangen sie an, zu leuchten. Warum das so ist, weiß niemand. Doch es war schon immer so und so wird es wohl auch immer sein.

„Aber wenn dir langweilig ist“, sagt Jammie und Börle hört ganz genau zu, welchen Tipp sein kluger großer Bruder haben wird, „dann spiele doch etwas. Du spielst doch immer so gern.“ Börle verdreht die Augen. Auf DIE Idee ist er doch längst selbst gekommen. „Das Problem ist ...“, sagt er ganz langsam, damit auch Jammie ihn verstehen kann, „dass ich nicht weiß, WAS ich spielen soll.“

Er sieht seinen Bruder nicken. „Also das ist wirklich ein Problem", sagt er und dieses Mal ist es Börle, dessen Kopf sich ganz von selbst nickend auf und ab bewegt: „Sag ich doch."

Börle sieht seinen Bruder flehentlich an. Der hat doch immer, immer, IMMER so gute Ideen, was man spielen kann. Und endlich erkennt er das Leuchten in Jammies Augen.

„Warte einen Moment", sagt dieser und huscht schwanzwackelnd zwischen die Bäume. Börle zählt im Kopf bis zehn und von zehn wieder rückwärts, aber noch immer ist Jammie nicht aufgetaucht.

Gerade will der gelangweilte Morf wieder nach seinem Bruder schreien, als dieser zwischen den Bäumen hervorkommt. „Ich weiß etwas", meint Jammie und noch immer leuchten seine Augen.

„Wir machen ganz einfach ein Wasserspiel", schlägt Jammie vor. Börles Augen weiten sich. Mit Wasser spielt er wirklich gern. „Wie geht das?", fragt er und sein Schwanz wackelt aufgeregt auf und ab – wie immer, wenn er fröhlich ist.

„Schau her!“, sagt Jammie und lässt etwas Seewasser, das er in einem Blatt zu Börle gebracht hat, in seinen Mund schwappen. Er legt den Kopf in den Nacken und gurrt: „Brrrrrrrrrl iffffffffffffff lloaaaaaaaaaaannnnngggggwrrrrrrrrrrrrrrrlgggggrrrrrr ...“

Lachend spuckt Jammie das Wasser in einem hohen Strahl aus und hätte Börle damit um ein Haar getroffen. Auch Börle lacht und hüpft fröhlich auf und ab. „Was für eine Idee!“, sagt er. „Woher hast du nur immer deine Ideen?“, fragt er neugierig. Jammie zuckt mit den Schultern: „Als du in den Boden genuschelt hast, dachte ich, da könnte man bestimmt etwas draus machen. Aber sag schon. Was sollte das heißen, was ich gesagt habe?“ Börles Augenbrauen ziehen sich fragend zusammen: „Das sollte etwas heißen?“

Jammie nickt. „Das ist doch das ganze Spiel“, erklärt er: „Wir nehmen Wasser in den Mund, legen den Kopf in den Nacken und versuchen, einen Satz zu sagen. Meiner hieß ‚Börle ist langweilig‘.“ Börle klatscht fröhlich in die Hände. Die Langeweile? Die ist wie weggegurgelt.

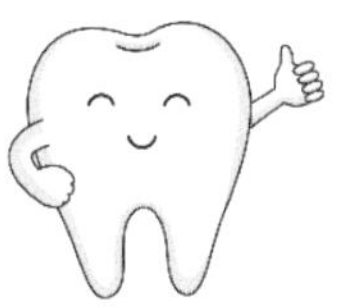

Was für ein tolles Spiel! Denkst du, du kannst das auch? Stelle dich vor das Waschbecken und fülle deinen Zahnputzbecher mit Wasser. Übe erst einmal, ein wenig mit dem Wasser zu gurgeln. Wenn du das gut beherrschst, fordere deine Geschwister oder deine Eltern zu einem Gurgelwettbewerb auf. Wer von euch kann die meisten Sätze erraten?

Börle besucht Bilbo Backenzahn

(Erster Umgang mit der Zahnbürste)

„Wer geht mit mir eine Runde spazieren?“, Börle hat seine Hände mit den vier Fingern zu einem Trichter geformt und hält sie vor den Mund. Während er ruft, dreht er sich von links nach rechts und wieder zurück, damit seine Stimme auch noch den kleinsten Winkel des Morfenwaldes erreichen kann. „Spa-Zie-Ren!“, ruft er erneut und betont jede Silbe. Er denkt schon, dass niemand Lust hat, mitzukommen, doch da hört er das leise Kraxeln aus dem hohlen Baum, in dem Furdel wohnt.

Furdel, der kein Morf ist, sondern ein Tronk, lässt sich an der Außenseite des Baumes hinuntergleiten. Er ist Börles Bruder und kam vor langer Zeit zur Morfenfamilie – aber das ist eine andere Geschichte.

„Niemand außer mir?“, fragt der kleine, grüne Tronk und Börle schüttelt den Kopf. „Sieht so aus“, sagt er und zuckt mit den Schultern, „aber das ist ok. Solange wir beide zusammen spazieren, kann es nur lustig werden.“

Und so gehen die beiden los. Ganz verschieden sehen sie aus. Eine grüne Hand mit Schwimmhäuten zwischen den fünf Fingern fasst eine blaue Hand, an der nur vier Finger sind. Der kleine, rundliche und von blauem Fell überzogene Morf geht neben dem patschenden, dünnen und grün glänzenden Tronk durch den Morfenwald.

Und dennoch sind sie miteinander verbunden durch ihre Herzen – die sich in- und auswendig kennen.

„Ein Morf, der geht spazier'n, geht spazier'n, ein Morf der geht spazier'n", trällert Börle aus vollem Hals. Und Furdel stimmt ein: „Beeeeeegleitet von 'nem Tronken, Tronken, Tronken, Trohonken. Begleitet von 'nem Tronken. So gehen sie zusamm'."

Gerade wollen die beiden Brüder die nächste Strophe anstimmen. Darin geht es um die Beeren, die sie pflücken. In der dritten Strophe geht es um das Laub, das sie riechen, und in der vierten um die Bäume, auf die sie klettern. Doch dazu kommen sie nicht. Denn unweit von ihnen entfernt hören sie ein unbekanntes Geräusch.

Es klingt wie ein „Ritsch, Ritsch, Ritsch" und ein „Rotsch, Rotsch, Rotsch" und prompt stellt sich Börles Schwanz auf. Er deutet in die Richtung, aus der dieses mysteriöse Geräusch kommt. Börle zieht die Nase kraus. Wenn sein Schwanz sagt, dass er in die Richtung gehen soll, dann muss er das wohl auch tun. Er sieht den Glanz in den Augen seines Tronkenbruders und zusammen machen sie sich auf den Weg.

Das ritschende, rotschende Geräusch wird lauter und endlich sehen die beiden, woher es stammt. „Hallo“, ruft Börle, der Morf: „Ich bin Börle, der Morf.“

„Hallo“, ruft Furdel, der Tronk: „Ich bin Furdel, der Tronk.“

Das Wesen, das das ritschende, rotschende Geräusch verursacht hat, hält mitten in der Bewegung inne. Es dreht sich ganz langsam zu Börle und Furdel um und legt den Kopf schief. Seine langen, knallig roten Ohren hängen an seinem Kopf hinunter. Das Wesen hat riesige Augen, die hinter grashalmlangen Wimpern zu verschwinden scheinen. Es steht fest auf seinen zwei großen Patschefüßen. „Ollo, hmmm Bio Schmz“, sagt Bio, der Schmz. Er hebt einen roten Finger, während er den kleinen Zweig, der ihm im Mund steckt, mit einem zweiten Finger festhält. Börle sieht gut hin. Aber mehr Finger kann er beim besten Willen nicht entdecken.

„Möchtest du vielleicht den Zweig aus dem Mund nehmen?“, fragt Börle, „Dann können wir dich auch verstehen. Sonst müssen wir denken, du heißt ‚Bio‘ und bist ein ‚Schmz‘.“ Doch der Schmz schüttelt wild den Kopf und deutet auf ein loses, am Baum hängendes Blatt. Es weht in der leichten Brise.

Börle sieht Furdel fragend an, doch auch der zuckt mit den Schultern. „Was ist mit dem Blatt?“, fragt Börle, doch wieder schüttelt Bio, der Schmz, den Kopf. „Was macht der da?“, fragt Börle seinen Bruder nun leise, doch ein weiteres Mal zuckt Furdel mit den Schultern.

Börle beobachtet, wie das Wesen mit dem Zweig im Mund hin und her wackelt, doch er kann sich beim besten Willen nicht vorstellen, warum er das tut. Er weiß nur, dass hierbei das ritschende, rotschende Geräusch entsteht, das er und sein Bruder hierhergelockt hat.

Börle erschrickt, als ihm ein Blatt auf die Nase fällt. Es ist das Blatt, auf das Bio, der Schmz, eben noch gezeigt hatte – und endlich nimmt dieser den Zweig aus dem Mund. Er dreht sich zur Seite und spuckt in eine Kuhle im Waldboden.

„Fertig“, sagt er und lächelt: „Das dritte Blatt ist heruntergefallen und das heißt, dass ich fertig damit bin, meine Beißerlis zu säubern. Hallo Börle, der Morf, und hallo Furdel, der Tronk. Ich bin Bilbo, der Schmotz.“ Der kleine Schmotz hält den beiden Brüdern seine Hand hin. Und tatsächlich besteht diese aus nur zwei Fingern. Börle und Furdel geben ihrerseits die Hand und es wird ein fröhliches, großes Händeschütteln.

„Was hast du da eben getan?“, fragt Börle und deutet auf den kleinen Zweig, der nicht einfach nur ein Zweig ist. An dessen Ende sind nämlich kleine Mooshäufchen festgebunden. Und dieses Moos sieht irgendwie – nass – aus.

Bilbos Augen leuchten. „Das wisst ihr nicht?“, fragt er und dreht sich abrupt um. Mit klinken Fingern sammelt er zwei weitere Zweiglein und bindet Moos mit Grashalmen daran fest. Er gibt etwas Baumharz als dicke, gelartige Schicht auf das Moos und hält es Börle und Furdel hin.

„Ihr werdet es ganz langsam lernen“, sagt er und seine Augen weiten sich aufgeregt, „aber dann werdet ihr merken: Das Säubern der Beißerchen ist so schön, dass ihr gar nicht mehr damit aufhören wollt. Los, probiert doch mal aus. Und wenn ihr morgen wieder zu mir kommt, erzähle ich euch die Geschichte von Bilbo Backenzahn – nach dem ich benannt bin – und Schila Schneidezahn – nach der meine Schwester benannt ist. Heute dürft ihr erst einmal mit dem Zweigbürstchen im Mund umherschrubbeln. Wie ihr es richtig macht, lernen wir dann morgen.“ Das lässt Börle sich nicht zweimal sagen. Er hält das Zweiglein fest und dreht es im Mund hin und her. Er muss gut aufpassen, dass er das kleine Zweiglein nicht zerkaut, schließlich sind nicht nur Zweige, sondern auch Moos total lecker.

Und während er bürstet, beobachtet er die Blätter – denn irgendetwas hat das schließlich mit dem Säubern der Beißerchen zu tun!

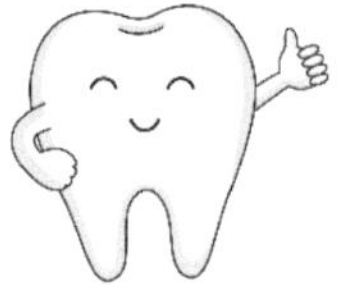

Wie ist es mit dir? Hast du schon einmal versucht, mit der Zahnbürste im Mund hin und her zu schrubbeln, ohne darauf herumzukauen? Probiere es doch einmal aus. Versuche, mit der Zahnbürste deinen ganzen Mund zu erforschen. Schaffst du das?

Das Säubern der Beißerchen

(Das erste gründlichere Putzen)

„Es war einmal ...“, sagt Bilbo und hebt einen seiner beiden roten Finger. Natürlich haben Furdel und Börle sich am nächsten Tag sofort wieder auf den Weg zum kleinen Schmotzen gemacht, um die Geschichte vom Säubern der Beißerchen zu hören. Dieses Mal haben sie auch Jammie mitgebracht – weil er sich Geschichten ganz einfach noch viel besser merken kann. So sitzen sie im Kreis und halten ihre kleinen

Zweigbürstchen in der Hand. „Los, säubern“, fordert Bilbo sie auf: „Diese Geschichte wird beim Säubern der Beißerchen erzählt. Dafür ist sie schließlich da.“

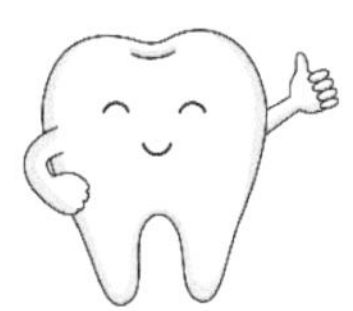

Übrigens: Du, der diese Geschichte auch hört, ohne, dass Bilbo dich sieht: Schnapp auch du dir das kleine Bürstchen und lausche, während du das machst, was Bilbo erzählt.

„Es war einmal ein großartiger Krieger. Sein Name war Bilbo Backenzahn“, Bilbo wackelt mit den Augenbrauen und nickt aufgeregt. Seine Nase hat er dabei lustig gerümpft und er flüstert. „Bilbo Backenzahn – genau, wie ich heiße“, er deutet mit einem Finger auf sich selbst und wird dann wieder ganz ernst:

„Und Bilbo Backenzahn musste unentwegt sein Zuhause verteidigen. Ihr müsst wissen, dass er nämlich auf einigen ganz strahlend weißen Hügelchen lebte. Doch immer und immer und immer wieder wollten Eindringlinge auf diese Hügelchen kommen. Sie trugen

waldverschmutzte Stiefel und hinterließen braune Flecken auf den weißen Hügelchen. Und Bilbo Backenzahn, der Flecken auf den Hügelchen so gar nicht mochte, musste immer und immer wieder saubermachen. Hey! Ihr putzt ja gar nicht.“ Rasch nehmen alle, die der Geschichte lauschen, die Bürstchen wieder in den Mund. Jammie beginnt, die weißen Beißerchen, die dann, wenn er lacht, vorne aus dem Mund herausblitzen, zu säubern. Und Furdel fängt ganz hinten an. Börle macht es ganz anders. Er ratscht mit der Bürste auf seiner Zunge herum, weil ihm das Moos so gut schmeckt.

„Jedenfalls“, spricht Bilbo weiter, als er sieht, dass seine Beißerchen-Säuberungs-Schüler wieder ihrer Aufgabe nachkommen, „musste sich Bilbo Backenzahn immer und immer wieder einen Besen nehmen und den ganzen Dreck wegfegen. Das hat er dreimal am Tag gemacht. Und zwar so lange, bis der ganze Dreck weg war. Und manchmal sogar noch länger. Eines Tages fing er an, sich an den Blättern zu orientieren. Er nahm sich vor, so lange den Dreck wegzufegen, bis drei Blätter auf den Boden gefallen waren. Und niemals vergaß er, den Dreck wegzufegen. Schließlich ist das mit dem Dreck so eine Sache. Wenn er erst einmal da ist, dann verteilt er sich mehr und mehr auf dem Hügel, bis der ganze strahlend weiße Hügel braun ist. Und das wollte Bilbo Backenzahn niemals nicht!“

Bilbo hebt erneut einen seiner Finger – das scheint eine Bewegung zu sein, die er gern und oft macht – und bewegt ihn von links nach rechts und wieder zurück. „Los, weitersäubern“, fordert er auf und seine Schüler bewegen fleißig weiter die kleinen Bürstchen hin und her. „Bilbo Backenzahn fegte mal hier den Boden und mal dort und dann mal wieder da und dann mal wieder ganz woanders“, sprach Bilbo weiter, „doch ihm fiel auf, dass es mit diesem wilden Hin und Her nicht getan war. Außerdem dachte er, dass es viel leichter wäre, den Boden zu säubern, wenn er etwas hätte, was er auf den Besen streichen könnte. Etwas, was den Boden noch besser saubermachen kann. So probierte er es mit Moos – aber das machte die weißen Hügelchen grün. Er probierte es mit Wasser – und das

klappte schon etwas besser. Doch eines Tages, als einer der Eindringlinge vorher auf einen Baum geklettert war und Harz an seinen flitzigen Füßen kleben hatte, fand Bilbo Backenzahn die Lösung. Es war nämlich die Mischung aus dem einen kleinen Klacks Harz und Wasser, die ordentlich schäumte und den Dreck am allerbesten wegfegte."

Bilbo reißt die Augen auf. „Ach herrje", sagt er, „Ich hätte euch vielleicht vorher sagen sollen, was man mit dem Schaum tut, der beim Bürsten der Beißerchen im Mund entsteht." Börle sieht Bilbo erstaunt an. Er hat ihn einfach heruntergeschluckt. Doch jetzt, wo er sich daran erinnert, dass Bilbo den Schaum gestern in ein Loch im Boden gespuckt hat, ahnt er, dass er etwas falsch gemacht hat. „Egal", lacht Bilbo und winkt ab: „Wie es mit Bilbo Backenzahn weitergegangen ist, erzähle ich euch morgen. Also, wenn ihr mögt."

Börle nimmt das Zweiglein aus dem Mund und nickt aufgeregt: „Das möchte ich unbedingt hören. Ich kann mir nämlich sehr gut vorstellen, dass Bilbo Backenzahn es noch besser hinbekommen hat.“ Bilbo zwinkert Börle und seinen Brüdern zu. „Das hat er“, sagt er, „das hat er.“

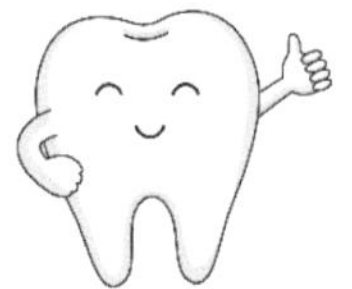

Wie ist es mit dir? Hat deine Zahnbürste sich auch zu Bilbo Backenzahns Geschichte bewegt? Wenn nicht, dann höre dir die Geschichte noch ein zweites Mal an und mache fleißig mit. Und bald lernst du, wie Bilbo Backenzahn lernte, jeden auch noch so kleinen Fleck zu treffen.

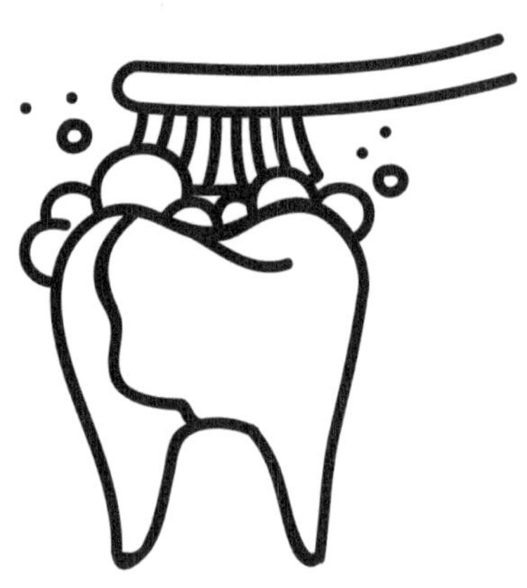

Der dicke und der dünne Strahl

(Richtig ausspülen lernen)

„Das war einfach der Hammer!“ Börles Augen leuchten, als er der Morfenmutter von Bilbo erzählt: „Er hat kleine Zweige zu Bürstchen geflochten und Harz draufgeschmiert. Und dann hat er uns eine Geschichte von einem Krieger im Kampf um die Flecken erzählt. Aber er ist noch nicht fertig. Wir müssen unbedingt wieder zu ihm. Bitte Mama, dürfen wir?“

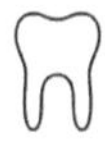

Börle setzt sein bestes ‚Bitte-Bitte-Gesicht' auf und sieht, wie die Morfenmutter nachgibt. Eigentlich hatte sie nämlich einen Ausflug mit ihren Söhnen machen wollen. Sie wollte mit ihnen zum Erdbeerfeld und die schönsten, roten Früchte naschen, die sie finden würden. „In Ordnung", sagt sie und streicht ihrem Morfenkind über den Kopf: „Ich kann gut verstehen, dass ihr die Geschichte weiterhören möchtet. Flitzt los und wir gehen ganz einfach morgen ins Erdbeerfeld."

Börle springt in die Luft und gibt seiner Mutter einen Nasenstupser. Dann rennt er in die Richtung, in der Bilbo, der Schmotz, zuhause ist und ruft dabei die Namen seiner Brüder. „Wer als Letztes da ist, ist ein lahmer Tronken-Morfen-Brei!", ruft er und erkennt schnell, dass er keine Chance hat. Furdel schwingt durch die Bäume – als Tronk ist man nämlich ein überaus guter Kletterer. Und Jammie hat nun einmal längere Beine.

Lachend kommen die drei bei Bilbo an. „Du Tronken-Morfen-Brei“, hänselt Furdel Börle, doch das ist okay. Schließlich hat er den Wettkampf überhaupt erst vorgeschlagen.

„Ein Wettkampf?“, fragt Bilbo und ein Lächeln breitet sich nun auch auf seinem Gesicht aus: „Ich mag Wettkämpfe. Lasst uns auch einen machen.“ Doch Börle schüttelt den Kopf: „Wir wollen viel lieber wissen, wie es mit Bilbo Backenzahn weitergeht.“ Er sieht, wie Bilbo seine Hände mit den zwei Fingern in die Seiten stemmt. „Aber ich möchte lieber einen Wettkampf machen“, besteht der Schmotz auf sein Recht: „Lasst uns heute einen Wettkampf machen und dafür morgen die Geschichte weitererzählen, okay?“

Börle denkt nach. Morgen wollten sie doch mit der Morfenmutter ins Erdbeerfeld. „Dann bringt ihr sie halt morgen mit hierher, wenn ihr vom Feld zurückkommt“, sagt Bilbo, als Börle seine Bedenken geäußert hat: „Dann könnt ihr gleich die Erdbeerreste zwischen euren Beißerchen herausholen.“

Börle sieht seine Brüder fragend an. „Das wird schon in Ordnung sein", sagt Jammie, der meistens weiß, was richtig und was falsch ist.

„Gut!", Börle ist einverstanden: „Was für einen Wettkampf wollen wir machen? Rennen? Klettern? Krabbeln? Laut schreien? Pupsen?"

Bilbo schlägt sich lachend die Hand vor den Mund. „Nein!", sagt der kleine Schmotz: „Auch, wenn das lustig wäre – ich habe eine bessere Idee."

Eilig schrubbt der kleine Schmotz mit seinem Zweiglein über seine Beißerchen, bis richtig, richtig viel Schaum entsteht. Dann spuckt er den Schaum auf einen kleinen Hügel. „Jetzt ihr", sagt er und die drei Brüder tun es ihm gleich. „Übrigens", erklärt der Schmotz, „ist es das, was ihr tun müsst, wenn ihr eure Beißerchen säubert. Schluckt den Schaum nicht hinunter, sondern spuckt ihn aus. Heute brauchen wir ihn für unseren Wettkampf. Wir nehmen uns etwas

Wasser." Bilbo macht es vor, nimmt das Wasser in den Mund und macht lustige Bewegungen mit den Wangen. Er pustet sie auf und zieht sie wieder ein. Börle hört, wie sich das Wasser in seinem Mund hin und her bewegt. Dann macht Bilbo die Lippen ganz spitz und spritzt einen ganz, ganz dünnen Wasserstrahl hinaus.

„Seht ihr", sagt er, nachdem er alles Wasser in dünnem Strahl herausgespritzt hat: „Schäumt das Wasser in eurem Mund kräftig auf und spuckt es in einem Strahl aus. Der Strahl soll so dünn wie möglich sein." Börle, Jammie und Furdel üben es, doch so ganz will es anfangs noch nicht gelingen. Doch mit ein wenig Übung klappt es immer besser.

„Prima", lobt Bilbo und wendet sich dem Schaum auf den Hügelchen zu: „Und nun versuchen wir, das Hügelchen genauso zu säubern – mit einem dünnen Strahl. Wer zuerst fertig ist, gewinnt."

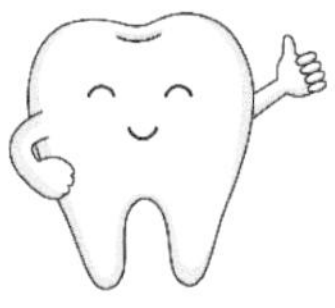

Das Lachen der vier Waldwesen kann man sicher noch bis in den Morfenwald hinein hören. Und du? Schnapp dir deine Zahnbürste und fordere deine Geschwister oder Eltern zu einem Wettkampf auf. Schrubbt zuerst eure Zähne, bis ihr genügend Schaum gesammelt habt. Nehmt dann Wasser in den Mund und spült es kräftig im Mund hin und her. Anschließend versucht ihr, den ganzen Schaum mit einem dünnen Wasserstrahl wegzuspucken. Wer von euch kriegt das Waschbecken schneller sauber? Los geht's!

Die Kunst, Flecken zu entfernen

(Die richtige Putzstrategie)

„Hallo!“ Börle hört die Stimme von Bilbo bereits aus der Ferne, als er mit seinen Brüdern und der Morfenmutter nach dem Erdbeersammeln beim Beißerchen-Säuberungs-Training ankommt. Die Morfenmutter stellt sich vor und sieht sich die kleinen Zweige an, die Bilbo bereits vorbereitet hat. „Die sehen ja fantastisch aus“, lobt sie und Börle sieht, wie Bilbo noch ein bisschen roter wird, als er ohnehin

schon ist. „Wir können gleich starten", übergeht der kleine Schmotz die lieben Worte und fasst zusammen, was er bisher erzählt hat: „Bilbo Backenzahn hat also seine Hügelchen immer kreuz und quer gesäubert. Wann immer er mit dem Fegen der Hügelchen fertig war, sammelte er den ganzen Harz-Wasser-Schaum und schüttete ihn in eine Kuhle, in der dieser versickern konnte. Doch ganz zufrieden war er noch immer nicht. Denn manchmal vergaß er manche Stellen. Er musste sich dringend etwas ausdenken. Etwas, was ihm half, damit er auch ja keine einzige Stelle vergessen konnte." Bilbo macht eine kurze Erzählpause und nickt seinen Besuchern zu: „Nehmt eure Zweiglein und macht mit, was ich jetzt erkläre. Jetzt lernt ihr, wie ihr es am besten macht, damit der ganze Dreck weggeht. Am Ende sollten keine Erdbeerstückchen mehr auf euren Beißerchen sein."

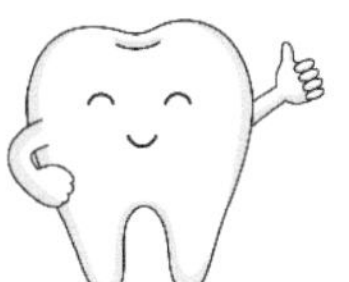

Und du, der diese Geschichte hört, schnappst dir ebenfalls deine Zahnbürste. Hör gut zu, wie Bilbo es erklärt. Es ist gar nicht so schwer!

Bilbo erklärt: „Eines Tages saß Bilbo Backenzahn da und grübelte über seinen Plan nach, als ein hüpfendes Etwas auf ihn zukam. Erst dachte er, es würde sich wieder einmal um einen Eindringling handeln, der Flecken machen wollte. Doch er hatte sich getäuscht. Denn dieses Etwas hatte sich die Schuhe gründlich abgestreift, bevor es auf die Hügelchen gehüpft war. ‚Hallo', sagte das kleine Etwas und lächelte Bilbo Backenzahn an, ‚Mein Name ist Schila. Schila Schneidezahn.' Schila Schneidezahn war ein lustiges Wesen. Ihr buntes Fell stand zu allen Seiten ab und rundliche Zähne standen aus ihrem Mund hervor. Sie trug immer und immer ein Lächeln auf dem Gesicht und zwinkerte einen Hauch schneller als alle Wesen, die Bilbo jemals gesehen hatte. Bilbo Backenzahn hielt Schila Schneidezahn die Hand hin. ‚Herzlich willkommen auf meinen kleinen weißen Hügelchen', sagte er, doch Schila Schneidezahn schüttelte den Kopf. ‚Nicht strahlend weiß', sagte sie: ‚Auf meinem Weg zu dir habe ich ein paar kleine Flecken entdeckt und du musst aufpassen, dass sie sich nicht ausbreiten. Das geht nämlich ganz

schnell, musst du wissen.‘ Bilbo Backenzahn wollte schon abwinken. Doch dann dachte er, dass Schila Schneidezahn ihm vielleicht ein paar Tipps geben konnte, um wirklich alle Hügelchen ganz und gar sauber zu bekommen. ‚Aber natürlich‘, sagte sie, ohne dass er es laut ausgesprochen hatte. ‚Schnapp dir einen Besen und dann geht's los.‘“ Bilbo unterbricht sich und klatscht aufgeregt in die Hände. „Das ist der schönste Teil der Geschichte“, sagt er und wirft einen Blick auf seine Gäste: „Hört gut zu!“

Der kleine Schmotz räuspert sich und macht sich ganz groß, bevor er endlich weitererzählt: „Und so fingen Bilbo Backenzahn und Schila Schneidezahn gemeinsam an, die Hügelchen von Bilbos Zuhause zu säubern. Er zeigte ihr den Trick mit dem Harz und dem Wasser, den sie noch nicht kannte. Und sie zeigte ihm dafür, wie er es schaffte, wirklich alle Hügelchen zu säubern. Sie starteten ganz oben auf den Hügelchen. ‚Wir putzen gleich mehrere Hügelchen obenauf, damit wir nicht immer hinauf und hinunter müssen‘, erklärte Schila Schneidezahn und so wurde es gemacht. Zuerst begannen sie also, alle Hügelchen, die in einer Reihe lagen, obenauf zu putzen – ‚Bis zur Kurve, nicht weiter', merkte sich Bilbo Backenzahn.

‚Wenn du kreist, geht es besser', sagte Schila und machte die Bewegung vor. So kreisten sie herum und rundherum, bis der ganze Dreck zu den Seiten hinuntergelaufen war. ‚Blitzeblank', sagte Bilbo und betrachtete stolz die Spitzen seiner Hügelchen. ‚Jetzt die eine Seite', rief Schila und ging an den Hügelchen hinunter. ‚An den Seiten musst du aufpassen, dass du auch dort säuberst, wo die Hügelchen das Gras berühren. Da sammelt sich der Dreck nämlich besonders gern', erklärte Schila und Bilbo nickte. Er säuberte mit kreisenden Bewegungen und achtete darauf, bis ganz, ganz nach unten zu säubern. ‚Pass aber auf, dass du das Gras am unteren Ende der Hügel nicht kaputtfegst', sagte Schila Schneidezahn: ‚Drück also bloß nicht zu fest auf.' So ging es auch mit der anderen Seite weiter. Der Besen flog in Kreisen über die verbleibende Seite und fegte den

ganzen Dreck weg. ‚Das machst du jetzt auch noch mit allen anderen Hügelchen. Pass vor allem bei denen in der Kurve gut auf', sagte Schila, ‚Da flutscht man manchmal zu schnell drüber, sodass auf ihnen noch Reste bleiben.' So machte Bilbo Backenzahn es. Er achtete darauf, jedes Hügelchen zu erwischen. Ganz egal, ob am Rand, obenauf oder in den Kurven."

Bilbo lächelt seine Gäste an. „Das genügt für heute", sagt er und deutet auf die Kuhle, in die Börle, Jammie, Furdel und die Morfenmutter den Schaum hineinspucken: „Morgen erzähle ich euch den Rest." Und schon wuselt der kleine Schmotz von dannen.

Wie ist es mit dir? Denkst du, du hast alle Zähne beim Putzen erwischt? Falls nicht, höre dir die Geschichte doch noch einmal an und versuche, die Bewegungen ganz genauso zu machen, wie Bilbo sie erklärt. Lass dir gerne von einem Erwachsenen dabei helfen. Viel Spaß!

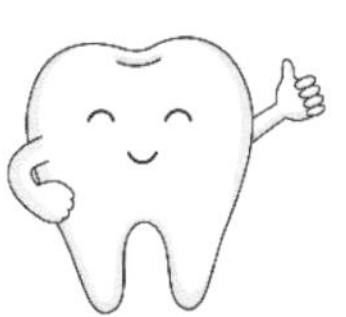

Den Mund erkunden

(Wahrnehmung des Mundraumes)

„Das war so schön, Rachil, das kannst du dir gar nicht vorstellen.“ Börle sieht seine kleine Schwester mit großen Augen an. Die Morfenmutter nickt. „Bilbo, der Schmotz, hat da wirklich eine spannende Geschichte erzählt“, sagt sie.

Rachil, das kleine Morfenmädchen, das im letzten Frühling vollkommen unerwartet zu der Morfenfamilie gestoßen ist, sieht seine

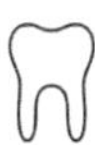

großen Brüder an. Ihre Augen sind so riesig groß, wie es sich für ein kleines Morfenkind gehört. „Und jetzt schau mal, Rachil“, sagt Börle und zeigt ihr seine strahlenden Beißerchen: „So schön haben die noch niemals zuvor ausgesehen.“

Die Morfenmutter ergänzt: „Und so schön haben sie sich auch noch nie angefühlt. Ich habe das Gefühl, meine Zunge könnte auf meinen Beißerchen Schlittschuh laufen. Wann immer ich mit der Zunge darüberstreiche, rutsche ich ab und segele einmal durch meinen Mund.“

Der Morfenvater, der irgendwann zwischen den letzten Sätzen hinzugekommen ist, lacht. „Da scheint der kleine Bilbo aber mächtig Eindruck auf euch gemacht zu haben“, sagt er lachend. Börle nickt. „Wirklich mächtigen Eindruck“, bestätigt er.

„Ich hätte niemals gedacht, dass es so viel Spaß macht, sich die Zähne zu säubern. Ich zeige es euch. Wartet einen Moment“, Börle sucht sich ein Zweiglein und Moos. Er versucht, beides mit einem

Grashalm miteinander zu verbinden, doch das ist gar nicht so leicht, wie er dachte. Immer und immer wieder rutscht das Moos hinab und will so gar nicht halten. „Mistekiste“, murmelt er leise, doch noch immer will das Moos nicht halten. „Ich kriege es nicht hin“, sagt er und steht geknickt da. In der einen Hand hält er das Zweiglein, in der anderen die Grashalme und das Moos ist ihm inzwischen auf den Waldboden gefallen. „Das ist gar nicht schlimm“, sagt die Morfenmutter und schnappt sich die Einzelteile.

Doch so sehr sie sich auch bemüht – auch ihr will es nicht gelingen, die Teile zu einem solchen Bürstchen zusammenzusetzen, wie sie es kennengelernt hat.

„Wie sollen wir Rachil dann erklären, wie man sich die Beißerchen säubert?“, fragt Börle, doch der Morfenvater zuckt mit den Schultern. „Ich habe eine Idee“, sagt er: „Wie wäre es, wenn wir morgen alle gemeinsam zu Bilbo, dem Schmotz, gehen und das Säubern der Beißerchen lernen? Heute könnten wir doch etwas anderes ausprobieren." Börle sieht den Morfenvater fragend an und der flüstert: „Rachil ist viel kleiner als du. Ich denke, sie sollte erst einmal kennenlernen, was überhaupt in ihrem Mund ist."

Börle reißt die Augen auf. Darüber hat er überhaupt nicht nachgedacht. „Gute Idee", sagt er und nimmt nur noch das Zweiglein in die Hand. „Rachil?", fragt er und seine kleine Schwester zappelt aufgeregt. „Ich zeige dir jetzt, was alles in deinem Mund ist. Mach mal ‚AHHHHHHHHHHH'!"

Das kleine Morfenmädchen öffnet weit den Mund und schließt dabei die Augen. Ganz vorsichtig streicht Börle mit dem Zweiglein durch ihren Mund. „Das", sagt er, „sind deine Beißerchen. Du hast davon ...", er tippt mit dem Zweiglein auf jedes einzelne, „12 Stück. Die zwei vorn sehen anders aus als die hinten. Das musst du unbedingt später auch im See anschauen." Börle schiebt das Zweiglein weiter in den Mund hinein. „Hier", sagt er, „sind deine Wangen von innen." Rachil kichert. „Ja, das kitzelt", sagt Börle und will gerade

mit dem Zweiglein nach hinten in den Rachen seiner Schwester gehen, als seine Mutter ihn aufhält. „Das fühlt sich nicht schön an“, erklärt sie: „Bleibe lieber hier vorn.“ Börle nickt und streicht mit dem Zweiglein über Rachils Zunge.

Siehst du, wie Börle und seine Schwester den Mund Stück für Stück erkunden? Nimm auch du dir deine Zahnbürste oder einen Finger und spüre einmal nach, was alles in deinem Mund ist. Wo sind deine Zähne und wie viele hast du von ihnen? Wo sind deine Lippen und deine Wangen? Wie fühlt es sich unter deiner Zunge an? Berühre nur die Stellen in deinem Mund, die sich gut anfühlen. Wenn du fertig bist, siehe dich im Spiegel an. Welche Teile deines Mundes können sich bewegen und welche nicht? Und wie sieht es in deinem Rachen aus? Probiere es aus. Viel Spaß!

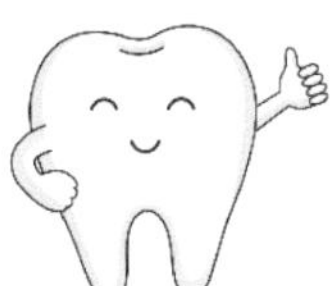

Die Flecken, die niemand sieht

(Mit Zahnseide umgehen lernen)

„Das habt ihr aber alle ganz prima gemacht!“ Bilbo lobt die Schüler, die von Börle zu einem ganzen Haufen Schüler angewachsen sind. Vor ihm sitzen Börle, Furdel, Jammie, Rachil, die Morfenmutter und der Morfenvater. Und jeder von ihnen hält ein Zweiglein in der Hand, mit dem er sich die Beißerchen gesäubert hat. Gemeinsam haben sie der Geschichte von Bilbo Backenzahn gelauscht und zuerst die

oberen Spitzen der Beißerchen gesäubert, anschließend die äußeren und dann die inneren Seiten. Sie haben aufgepasst, dass sie bis ganz nach unten gesäubert und das Zweiglein in kreisenden Bewegungen durch den Mund geführt haben. Nur Rachil hat noch ein wenig auf dem Zweiglein herumgekaut, sodass sich einige Moosstückchen gelöst haben.

„Ist nicht schlimm“, sagt Bilbo, der Schmotz, und nimmt Rachil das Zweiglein ab: „Darf ich?“ Das kleine Morfenmädchen öffnet den Mund und Bilbo wandert vorsichtig mit dem Zweiglein darin herum. „Bei ganz kleinen Waldwesen“, erklärt er, „ist es besonders wichtig, dass jemand hinterher säubert, damit auch wirklich der ganze Dreck verschwunden ist. Aber wisst ihr …“, er nimmt das Zweiglein aus Rachils Mund heraus und lässt sie in die Kuhle spucken:

„Die Geschichte von Bilbo Backenzahn und Schila Schneidezahn ist noch nicht vorbei. Als er nämlich fertig mit Säubern war, sah er es blitzen und funkeln wie noch nie. ‚Fantastisch‘, sagte Schila Schneidezahn und lachte aus vollem Hals: ‚Und wenn du es perfekt machen möchtest, dann säuberst du nun noch die Räume zwischen deinen Hügelchen. Da kommt der Besen nämlich nicht hin.‘“

Bilbo hebt einen seiner beiden Finger der linken Hand und flitzt blitzschnell ein Stückchen tiefer in den Wald hinein. Dann kommt er mit einigen langen Grashalmen zurück, verrät aber noch nicht, was es damit auf sich hat.

„Erzähl weiter“, sagt die kleine Rachil und klatscht aufgeregt in die Hände. Und Bilbo? Der will sie auf keinen Fall warten lassen:

„Bilbo Backenzahn sah Schila Schneidezahn verdutzt an. ‚Das macht man so‘, erklärte Schila und zog sich eines ihrer langen, langen Haare heraus. ‚Du hältst die eine Seite fest und ich die andere‘, erklärte sie, ‚dann gehst du auf eine Seite des Hügelchens und ich auf die andere.‘ So taten sie es. ‚Und jetzt‘, rief Schila, ‚ziehen wir

das Haar vorsichtig zwischen den Hügelchen hindurch und bewegen es hin und her.‘ Bilbo sah, wie winzige Blätter und Schmutzreste aus den Zwischenräumen herausfielen. Dabei hatte er sie vorher gar nicht sehen können.

‚Jetzt‘, sagte Schila, als die beiden zwischen allen Hügelchen gesäubert hatten, ‚ist wirklich alles sauber. Schütte noch einen Eimer Wasser über alle Hügelchen, um die letzten Reste, die hinuntergelaufen sind, versickern zu lassen. Dann haben wir es geschafft.‘ Bilbo Backenzahn lächelte, als er sich sein Zuhause besah. Die Eindringlinge konnten jederzeit kommen. Das war in Ordnung. Denn Bilbo Backenzahn war ein Krieger. Und er würde den Kampf gegen die Flecken auf den Hügelchen gewinnen!“

Bilbo sieht seine Schüler erwartungsvoll an. „Unsere Beißerchen sind nicht so groß wie Bilbo Backenzahns Hügelchen“, erklärt er, „deshalb können wir die Zwischenräume zwischen ihnen ganz einfach selbst säubern.“ Bilbo macht es vor. Er nimmt das eine Ende des Grashalms in eine Hand und das andere in die zweite. Dann strafft er den Halm vorsichtig und bewegt ihn zwischen seinen Zähnen auf und ab. „Macht das ganz vorsichtig“, sagt er und seine Schüler können ihn kaum verstehen, weil er noch immer in seinem Mund herumpult.

Börle probiert es aus und das Ganze ist eine ziemliche Friemelei. Aber nach kurzer Zeit klappt es schon ganz gut. „Oh, schau mal“, sagt er erstaunt und holt ein Stückchen Tannenzapfen hervor. „Den habe ich eigentlich vor drei Tagen gegessen“, er lacht aus vollem Hals. Was für eine Überraschung er da gefunden hat!

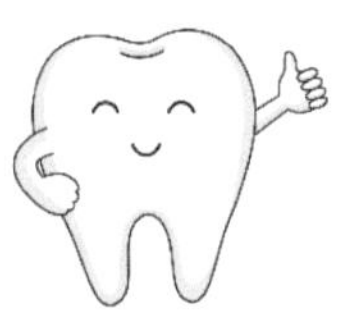

Nun bist du dran. Schnappe dir etwas Zahnseide und versuche vorsichtig, die Räume zwischen deinen Zähnen zu putzen. Lasse dir gerne von einem Erwachsenen dabei helfen. Findest auch du wie Börle gerade eine Überraschung?

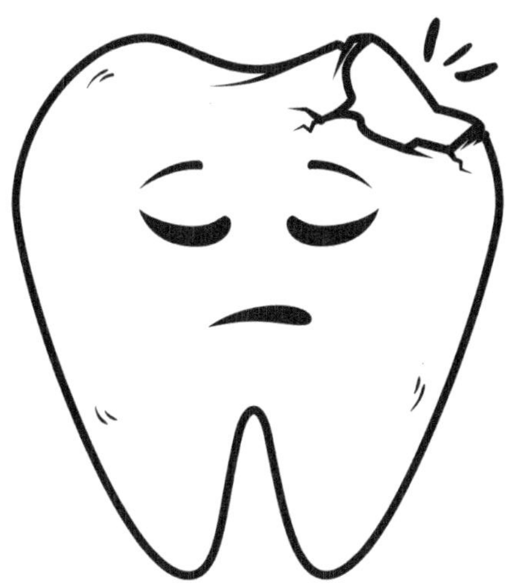

Achtung, Kontrolle!

(Der erste Zahnarztbesuch)

„Ich bin obersuper gespannt, was Bilbo heute mit uns vorhat!", sagt Börle und hopst fröhlich vor sich hin. Inzwischen kommen Börle und seine Familie nicht mehr zu Bilbo. Stattdessen kommt Bilbo seit einigen Tagen zu Börle in die Schule und erzählt dort die Geschichte von Bilbo Backenzahn und Schila Schneidezahn. Denn Börle hat gelernt, dass es ein unfassbar gutes Gefühl ist, sich die Beißerchen gründlich zu säubern.

Er hat geübt, wie er mit dem Zweiglein den ganzen Mundraum putzt – inzwischen putzt er sogar seine Zunge mit, damit auch die

richtig sauber wird –, wie er den Mund anschließend gut mit Wasser ausspült und dann mit dem Grashalm die Räume zwischen den Beißerchen säubert. Er hat das Gefühl, dass der Geschmack in seinem Mund jetzt sehr viel besser ist und dass seine Beißerchen schöner und heller strahlen. „Wenn die ganzen Flecken weg sind, bleibt es eben schön sauber", hat er vor einigen Tagen seiner Lehrerin in der Schule erklärt. Und die? Die war so richtig angetan von der Idee, Bilbo, den Schmotz, in den Klassenbaum zu holen, um dort allen Schülern zu zeigen, wie man sich die Beißerchen säubert.

Gesagt – getan. Bilbo hat erklärt und gezeigt, erzählt und geholfen. Doch für heute hat er eine ganz besonders große Überraschung geplant.

„Herzlich willkommen", hört Börle nun eine Stimme eines Wesens, das er noch nie zuvor gesehen hat. Es sieht eindeutig aus wie Bilbo, der Schmotz, ist aber viel größer. „Das ist mein Paps", erklärt Bilbo und lächelt über das ganze Gesicht, „und mein Paps ist Meister im

Säubern von Beißerchen. Aber nicht nur das. Er kann auch erkennen, an welchen Stellen wir unsere Beißerchen noch mehr säubern müssen.“ Bilbo sieht stolz zu seinem Paps auf und nimmt dessen Hand: „Er macht das im ganzen Schmotzwald. Jeden Tag kommen andere Kinder zu ihm und er kontrolliert, wie sauber die Zähne sind.“

Börle hebt die Hand, ist etwas verunsichert. „Tut das weh?“, fragt er, doch Bilbo winkt ab. „Natürlich nicht“, sagt er: „Ihr macht einfach den Mund auf, als würdet ihr eure Beißerchen säubern. Und mein Paps schaut mit diesem kleinen Teilchen hinein.“ Bilbo hält etwas hoch, das aussieht wie ein schwarzer Schatten mit Wasser drauf. Doch als Bilbo es richtig dreht, sieht Börle, dass er darin sein eigenes Gesicht erkennen kann.

„Damit kann mein Paps die Beißerchen in eurem Mund sehen, ohne hineinkrabbeln zu müssen“, erklärt er. Und schon legt der Paps von Bilbo los. Er sieht sich alle Beißerchen an und jeder Schüler öffnet lieb den Mund – alle, bis auf das Tronkenmädchen Walibäre. „An meinem ganz hinteren Beißerchen fühlt sich das Säubern immer ein bisschen unangenehm an“, sagt sie, doch der Paps tätschelt ihr die Schulter. „Das haben viele Waldwesen“, erklärt er: „Ich sage dir gleich, warum das so ist. Aber dafür musst du mich einmal draufsehen lassen.“ Endlich traut sich auch Walibäre, den Mund zu öffnen.

„Wusste ich es doch“, sagt der Paps und zieht das kleine schwarze Etwas mit dem Wasser aus ihrem Mund heraus.

„Es ist nämlich so“, erklärt er, „dass jedes Beißerchen aus mehreren Schichten besteht. So, wie einige von euch Fell haben.“ Er deutet auf Börle. „Bei manchen Kindern ist die Schicht ganz außen aber nicht vollständig. Dafür könnt ihr nichts, das kann ganz einfach passieren. Und wenn diese Schicht fehlt, dann friert ihr“, fährt der Paps fort. Börle nickt. Das kann er gut verstehen. Auch ihm wäre kalt, wenn er sein Fell nicht hätte. Der Paps zückt ein kleines, zusammengefaltetes Baumblatt. „Hier drinnen“, erklärt er, „ist ein ganz spezielles Harz. Das benutzt du immer nur an einem Tag, an dem keine Schule ist – nicht jeden Tag. Und dieses Harz legt eine Schicht um deinen Zahn. So, als ob er eine wärmende Fellschicht bekommen würde, damit er nicht friert. Und diese Schicht hält mehrere Tage an. In dieser Zeit fühlt sich dein Beißerchen dann völlig normal an. Verstehst du?“ Als Börle nach Hause geht, liegt ein Lächeln auf seinem Gesicht. Das Kontrollieren der Zähne hat ihm total gut gefallen und er hat sogar noch etwas gelernt. Das war wirklich etwas ganz Besonderes!

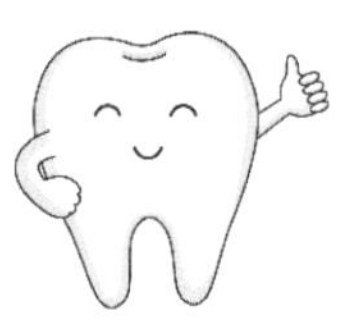

Hast du bemerkt, dass der Paps von Bilbo so etwas war wie ein Zahnarzt? Jetzt bist du an der Reihe. Werde auch du zum Zahnarzt und leuchte deinen Eltern oder Geschwistern im Mund herum. Entwickle eigene Ideen, was es mit den Zähnen auf sich haben könnte, und lasse sie anschließend ebenfalls zum Zahnarzt werden. Dann bist du damit dran, dir in den Mund sehen zu lassen. Du wirst sehen, wie viel Spaß das macht. Legt los!

Die Geschichte von... Bilbo & Schila

(Langeweile während des Zähneputzens vertreiben)

Hallo, kleiner Zahnputzkrieger. Ist es etwa schon wieder Zeit, die Beißerchen zu säubern? Dann mal auf in die Schlacht gegen die braunen Flecken. Mach das doch gerne zusammen mit Bilbo Backenzahn. Schmeiß deine rieselnde Zahnputzuhr an oder stell dir die Stoppuhr auf drei Minuten und los geht's. Viel Spaß mit Bilbo Backenzahn und Schila Schneidezahn. Los geht's!

Hinweis: Diese Zahnputzgeschichte wurde in vier Abschnitte geteilt. Jeder dieser Abschnitte hat in etwa eine Länge von 2-3 Minuten, sodass die Teilabschnitte jeweils während des Zähneputzens gehört werden können.

Audiodatei 11

Es war einmal ein großartiger Krieger. Sein Name war Bilbo Backenzahn. Und Bilbo Backenzahn musste unentwegt sein Zuhause verteidigen. Ihr müsst wissen, dass er nämlich auf einigen ganz strahlend weißen Hügelchen lebte. Doch immer und immer und immer wieder wollten Eindringlinge auf diese Hügelchen kommen. Sie trugen waldverschmutzte Stiefel und hinterließen braune Flecken auf den weißen Hügelchen. Und Bilbo Backenzahn, der Flecken auf den Hügelchen so gar nicht mochte, musste immer und immer wieder saubermachen. Dafür nahm sich Bilbo Backenzahn einen Besen und fegte den ganzen Dreck weg. Das hat er dreimal am Tag gemacht. Und zwar so lange, bis auch noch das kleinste Krümelchen verschwunden war. Und manchmal sogar noch länger. Eines Tages fing er an, sich an den Blättern zu orientieren. Er nahm sich vor, so lange den Dreck wegzufegen, bis drei Blätter auf den Boden gefallen waren. Und niemals vergaß er, den Dreck wegzufegen. Schließlich ist das mit dem Dreck so eine Sache. Wenn er erst einmal da ist, dann verteilt er sich mehr und mehr auf dem Hügel, bis der ganze strahlend weiße Hügel braun ist. Und das wollte Bilbo Backenzahn niemals nicht! Bilbo Backenzahn fegte mal hier den Boden und mal dort und dann mal wieder da und dann mal wieder ganz woanders. Doch ihm fiel auf, dass es mit diesem wilden Hin und Her nicht getan war. Außerdem dachte er, dass es viel leichter wäre, den Boden zu säubern, wenn er etwas hätte, was er auf den Besen streichen könnte. Etwas, was den Boden noch besser saubermachen kann. So probierte er es mit Moos – aber das machte die weißen Hügelchen grün. Er probierte es mit Wasser – und das klappte schon etwas besser. Doch eines Tages, als einer der Eindringlinge vorher auf einen Baum geklettert war und Harz an seinen flitzigen Füßen kleben hatte, fand Bilbo Backenzahn die Lösung. Es war nämlich die Mischung aus dem einem kleinen Klacks Harz und Wasser, die ordentlich schäumte und den Dreck am allerbesten wegfegte.

Audiodatei 12

Wann immer Bilbo Backenzahn mit dem Fegen der Hügelchen fertig war, sammelte er den ganzen Schaum und schüttete ihn in eine Kuhle, in der er versickern konnte. Doch ganz zufrieden war er noch immer nicht. Denn manchmal vergaß er manche Stellen. Er musste sich dringend etwas ausdenken. Etwas, was ihm half, damit er auch ja keine einzige Stelle vergessen konnte. Eines Tages saß er da und grübelte über seinen Plan nach, als ein hüpfendes Etwas auf ihn zukam. Erst dachte er, es würde sich wieder einmal um einen Eindringling handeln, der Flecken machen wollte. Doch er hatte sich getäuscht. Denn dieses Etwas hatte sich die Schuhe gründlich abgestreift, bevor es auf die Hügelchen gehüpft war. „Hallo“, sagte das kleine Etwas und lächelte Bilbo Backenzahn an: „Mein Name ist Schila. Schila Schneidezahn.“ Schila Schneidezahn war ein lustiges Wesen. Ihr buntes Fell stand zu allen Seiten ab und rundliche Zähne standen aus ihrem Mund hervor. Sie trug immer und immer ein Lächeln auf dem Gesicht und zwinkerte einen Hauch schneller als alle Wesen, die Bilbo jemals gesehen hatte. Bilbo Backenzahn hielt Schila Schneidezahn die Hand hin. „Herzlich willkommen auf meinen kleinen weißen Hügelchen“, sagte er, doch Schila Schneidezahn schüttelte den Kopf. „Nicht strahlend weiß“, sagte sie: „Auf meinem Weg zu dir habe ich ein paar kleine Flecken entdeckt und du musst aufpassen, dass sie sich nicht ausbreiten. Das geht nämlich ganz schnell, musst du wissen.“ Bilbo Backenzahn wollte schon abwinken. Doch dann dachte er, dass Schila Schneidezahn ihm vielleicht ein paar Tipps geben konnte, um wirklich alle Hügelchen ganz und gar sauber zu bekommen. „Aber natürlich“, sagte sie, ohne dass er es laut ausgesprochen hatte: „Schnapp dir einen Besen und dann geht's los.“

Audiodatei 13

Und so fingen Bilbo Backenzahn und Schila Schneidezahn gemeinsam an, die Hügelchen von Bilbos Zuhause zu säubern. Er zeigte ihr den Trick mit dem Harz und dem Wasser, den sie noch nicht kannte. Und sie zeigte ihm dafür, wie er es schaffte, wirklich alle Hügelchen zu säubern. Sie starteten ganz oben auf den Hügelchen.

„Wir putzen gleich mehrere Hügelchen obenauf, damit wir nicht immer hinauf und hinunter müssen“, erklärte Schila Schneidezahn und so wurde es gemacht. Zuerst begannen sie also, alle Hügelchen, die in einer Reihe lagen, obenauf zu putzen – „Bis zur Kurve, nicht weiter“, merkte sich Bilbo Backenzahn. „Wenn du kreist, geht es besser“, sagte Schila und machte die Bewegung vor. So kreisten sie herum und rundherum, bis der ganze Dreck zu den Seiten hinuntergelaufen war. „Blitzeblank“, sagte Bilbo und betrachtete stolz die Spitzen seiner Hügelchen. „Jetzt die eine Seite“, rief Schila und ging an den Hügelchen hinunter. „An den Seiten musst du aufpassen, dass du auch dort säuberst, wo die Hügelchen das Gras berühren. Da sammelt sich der Dreck nämlich besonders gern“, erklärte Schila und Bilbo nickte. Er säuberte mit kreisenden Bewegungen und achtete darauf, bis ganz, ganz nach unten zu säubern. „Pass aber auf, dass du das Gras am unteren Ende der Hügel nicht kaputtfegst“, sagte Schila Schneidezahn: „Drück also bloß nicht zu fest auf.“ So ging es auch mit der anderen Seite weiter. Der Besen flog in Kreisen über die verbleibende Seite und fegte den ganzen Dreck weg. „Das machst du jetzt auch noch mit allen anderen Hügelchen. Pass vor allem bei denen in der Kurve gut auf", sagte Schila: „Da flutscht man manchmal zu schnell drüber, sodass auf ihnen noch Reste bleiben." So machte Bilbo Backenzahn es. Er achtete darauf, jedes Hügelchen zu erwischen. Ganz egal, ob am Rand, obenauf oder in den Kurven.

Audiodatei 14

Als er fertig war, sah er es blitzen und funkeln wie noch nie. „Fantastisch", sagte Schila Schneidezahn und lachte aus vollem Hals: „Und wenn du es perfekt machen möchtest, dann säuberst du nun noch die Räume zwischen deinen Hügelchen. Da kommt der Besen nämlich nicht hin.“ Bilbo Backenzahn sah Schila Schneidezahn verdutzt an. „Das macht man so“, erklärte Schila und zog sich eines ihrer langen, langen Haare heraus. „Du hältst die eine Seite fest und ich die andere“, erklärte sie, „dann gehst du auf eine Seite des Hügelchens und ich auf die andere.“ So taten sie es. „Und jetzt“, rief Schila, „ziehen wir das Haar vorsichtig zwischen den Hügelchen hindurch und bewegen es hin und her.“ Bilbo sah, wie winzige Blätter und Schmutzreste aus den Zwischenräumen herausfielen. Dabei hatte er sie vorher gar nicht sehen können.

„Jetzt“, sagte Schila, als die beiden zwischen allen Hügelchen gesäubert hatten, „ist wirklich alles sauber. Schütte noch einen Eimer Wasser über alle Hügelchen, um die letzten Reste, die hinuntergelaufen sind, versickern zu lassen. Dann haben wir es geschafft.“ Bilbo Backenzahn lächelte, als er sich sein Zuhause besah. Die Eindringlinge konnten jederzeit kommen. Das war in Ordnung. Denn Bilbo Backenzahn war ein Krieger. Und er würde den Kampf gegen die Flecken auf den Hügelchen gewinnen!

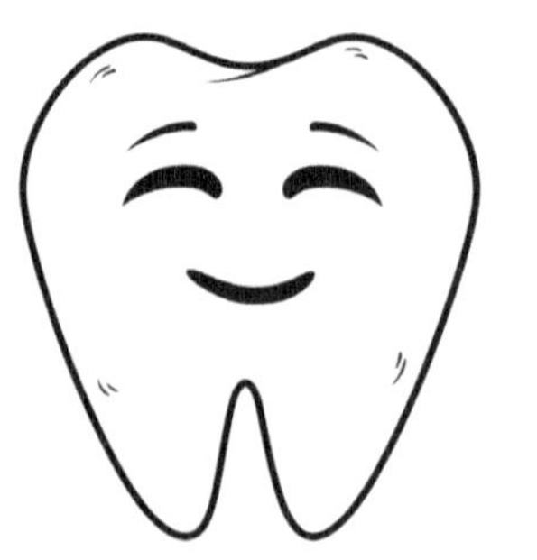
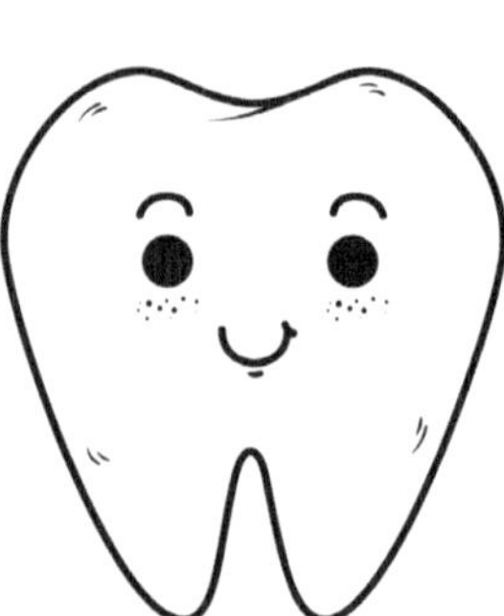